The Men Who Killed My Mother
Los hombres que mataron a mi madre

The Men Who Killed My Mother
Los hombres que mataron a mi madre

———

FERNANDO VALVERDE

Translated by Gordon E. McNeer

SWAN ISLE PRESS
CHICAGO

Swan Isle Press, Chicago 60611
© 2025 by Swan Isle Press
© 2025 by Fernando Valverde
Translation © 2025 by Gordon E. McNeer

First Edition

29 28 27 26 25   1 2 3 4 5

ISBN: 978-1-961-05609-1 (paper)

Los hombres que mataron a mi madre was originally published by Visor-Libros (2023).

Cover image and frontispiece: Umberto Boccioni (Italian, Reggio 1882–1916 Sorte), *Head of the Artist's Mother*, 1915, ink, wash, and graphite on paper, 12¼ × 9½ in. (31.1 × 24.1 cm), The Met, Drawings, Bequest of Lydia Winston Malbin, 1989, object number 1990.38.30.

Library of Congress Cataloging-in-Publication Data
Names: Valverde, Fernando, 1980– author. | McNeer, Gordon E., translator. | Valverde, Fernando, 1980– Hombres que mataron a mi madre. | Valverde, Fernando, 1980– Hombres que mataron a mi madre. English.
Title: The men who killed my mother = Los hombres que mataron a mi madre / Fernando Valverde ; translation by, Gordon E. McNeer
Other titles: Hombres que mataron a mi madre
Description: First edition. | Chicago : Swan Isle Press, 2025.
Identifiers: LCCN 2025003601 | ISBN 9781961056091 (trade paperback)
Subjects: LCGFT: Poetry.
Classification: LCC PQ6722.A58 H6613 2025 | DDC 861/.7—dc23/eng/20250226
LC record available at https://lccn.loc.gov/2025003601

Swan Isle Press gratefully acknowledges that this book has been made possible, in part, with the support of grants and funding from the following:

Illinois Arts Council Agency
Europe Bay Giving Trust
Jim Budish
Other Kind Donors

This paper meets the requirements of ANSI/NISO Z39.48-1992 (Permanence of Paper).

CONTENTS

I

II

The Men Who Killed My Mother

Los hombres que mataron a mi madre

I

You died before I had time.

Moriste antes de que me diera tiempo.

—SYLVIA PLATH

Nuestra madre

Una tumba sin nombre.

Alguien había escrito: NUESTRA MADRE.

Pienso en ti,
pienso en el horizonte,
en la casa del mar donde soñabas
morir
porque la muerte podía ser hermosa,
podía haber llamado con ternura
y haber abierto el mar en tu camino,
un cambio de sustancia,
un abrazo con pena por el mundo.

Jamás volveré a verte,
trato de recordar aquella casa,
tu mirada perdida
buscando el horizonte,
el dolor en tu rostro pegado como sombra.

Busco en la soledad más solitaria,
en el dolor más íntimo,
detrás de la tiniebla que me habita,
y allí descubro ahora
una tumba sin nombre:
nuestra madre,
tantas veces violada
tantas veces
                rota por la obediencia.

Our Mother

A nameless tomb.

Someone had written: OUR MOTHER.

I think about you,
I think about the horizon,
about the house by the sea where you dreamed
of dying
because death could be beautiful,
could have called out with tenderness
and opened up the sea along your way,
a change of essence,
an embrace with sorrow for the world.

I will never see you again;
I try to remember that house,
your eyes lost
searching the horizon,
pain stuck to your face like a shadow.

I look into the most solitary of solitude,
into the most intimate pain,
behind the darkness that dwells in me,
and there I now discover
a nameless tomb:
Our mother,
so many times raped,
so many times
            broken by obedience.

Lo poco que quedaba de mi madre

Quien habitó en el mundo fue testigo
de toda su desgracia,
de la sombra,
del llanto,
de la pena,
de la prisa que tuvo la alegría,
de la noche que trajo
los sueños más terribles
que nunca se soñaron
y de la hipocresía:
bandidos disfrazados de doctores
venían por el cielo.

Quien habitó en el mundo vio la sangre
que manchaba sus manos
escondidas,
celosas
y soberbias,
después de haber matado
lo poco que quedaba de mi madre:
su desdicha,
su espíritu obstinado,
sacrificio
mil veces repetido
sobre la misma tierra
desde el primer instante de la cólera.

The Little That Remained of My Mother

Anyone who has ever lived in the world has been a witness
to her entire misfortune,
to the darkness,
to the weeping,
to the sorrow,
to her fleeting joy,
to the night that brought
the most terrible dreams
that were ever dreamed,
and to the hypocrisy:
Bandits disguised as doctors
came from the sky.

Anyone who has ever lived in the world has seen the blood
that stained their hands
furtive,
jealous,
and arrogant,
after having killed off
the little that remained of my mother:
her disgrace,
her obstinate spirit,
sacrifice
a thousand times repeated
over the same earth
from the first moment of rage.

Mujer aprende el significado de las palabras

Apenas te advirtieron
de lo que significan las palabras.
Las puedes encontrar
dentro de un diccionario:
adverbios, sustantivos y pronombres,
con su etimología,
historia de la lengua,
historia de los hombres que escribieron
sobre la piedra la última palabra,
o tal vez en madera,
podría ser: *judío*.

IESVS NAZARENVS REX IVDAEORVM

Qué es lo que significa
sobre la cruz
un nombre
o sobre las rodillas
de unas pocas mujeres
que esperan el final
porque el final es todo cuanto cabe
esperar
porque sus corazones
conocen el fracaso y las palabras,
los libros que contienen las palabras,
significados viejos, tan antiguos,
que provocan el miedo y advierten del desastre

Woman Learns the Meaning of Words

They barely informed you
as to what the words mean.
You can find them
inside of a dictionary:
adverbs, nouns, and pronouns,
with their etymology,
history of the language,
history of the men who wrote
the final word on stone,
or perhaps on wood,
it could be: *Jew*.

IESVS NAZARENVS REX IVDAEORVM

What does a name
mean
on the Cross
or on the knees
of a few women
who are waiting for the end
because the end is all that's left
to wait for
because their hearts
know failure and the words,
the books that contain the words,
old meanings, so old
that they arouse fear and warn of disaster

como el verbo llamado a hacerse hombre
porque siempre al principio estaba el verbo.

ELÍ, ELÍ, ¿LEMÁ SABACHTHANÍ?

Pero también la duda
por los significados
que apenas se intuyeron:

qué significa *niña*
inclinada rezando en un colegio
de monjas del Sagrado
Corazón de Jesús con una falda
que debe de cubrir bien las rodillas
porque sólo unos dedos más allá
podrás tocar la fruta,
la manzana,
tú que fuiste el origen del pecado.
Esa inocente niña ya ha aprendido
que ser *mujer* es ser la tentación,
la voz de una serpiente,
quién esté libre de pecado

तुम में से जो पापी नहीं है वही सबसे पहले इस औरत को पत्थर मारे।

que acuda a la ciudad de las costumbres
y grite ahora tu nombre
sin la palabra *virgen*,
con las piernas cruzadas,
todo el tiempo pendiente de los hombres,
porque no es su mirada la lascivia,
es tu cuerpo impoluto, inmaculado,

such as the word summoned to become flesh
because in the beginning there was always the word.

ELÍ, ELÍ, ¿LEMÁ SABACHTHANÍ?

But also the doubt
about their meanings
that were barely intuited:

What is the meaning of *niña*,
head bowed praying in a school
of nuns of the Sacred
Heart of Jesus with a skirt
that must cover the knees well
because only a few fingers beyond
you will be able to touch the fruit,
the apple,
you who were the origin of sin.
That innocent girl has already learned
that to be a *woman* is to be temptation,
the voice of a serpent,
whoever is free of sin

तुम में से जो पापी नहीं है वही सबसे पहले इस औरत को पत्थर मारे ।

should travel to the city with its good manners
and shout out your name now
without the word *virgin*,
with her legs crossed,
all the time watching out for the men,
because their stares are not lechery,
it is your unsullied, immaculate body

de mujer,
de muchacha
nacida para ser esposa y madre,
la voz de la serpiente redimida
perpetuando un nombre y una estirpe.

Pero el pecado acecha sin arrepentimiento.

Ahora vas a aprender qué significan
las palabras,
hasta dónde se eleva su importancia:
escucha bien, no olvides
la palabra *culpable,*
la palabra *condena*
o la palabra *puta, divorciada*
que intenta hacer su vida
allí donde residen tradiciones y labios
que mienten y que rezan
de la misma manera.

Así se escribe a fuego una palabra,
quien esté libre de pecado que lance la primera
palabra

Ramera
Puta
Zorra

Hasta dejarte sola
al lado de tu madre
que purga arrodillada los domingos
frente al altar,

of a woman,
of a girl
born to be a wife and mother,
the voice of the serpent redeemed
perpetuating a name and a bloodline.

But sin stalks without remorse.

Now you are going to learn what is meant
by the words,
to what point their importance is elevated:
Listen well, don't forget
the word *guilty,*
the word *condemnation,*
or the word *whore, divorced*
that tries to create its life
there where traditions and lips reside
that lie and pray
in the same way.

Thus, a word is written in stone,
whoever is free from sin may he cast the first
word

Slut
Whore
Tramp

until leaving you alone
beside your mother,
who purges herself on her knees every Sunday
before the altar,

sin arrepentimiento,
tras ver cómo los hombres a su lado
lanzaban las palabras contra ti
hasta volverte el nombre
de la palabra *muerta*.

without remorse,
after seeing how the men at her side
cast the words against you
until turning you into the name
for the word *dead*.

Madre grita en silencio desde el baño

Pude escuchar tu muerte.

En medio del silencio
o atravesando el ruido de la lluvia,
—era un día de otoño despejado
como los días tristes—
pude escuchar la vida destrozándose,
era apenas el aire
con su desesperanza y el vacío
debajo de los pies
esperando en el vientre de la tierra.

Mother Screams in Silence from the Bath

I could hear your death.

In the midst of the silence
or passing through the sound of the rain
—it was a clear autumn day,
like all sad days—
I could hear your life falling apart,
scarcely a thread of air
in its despair, and the void
beneath your feet
waiting in the womb of the earth.

Mujer cruza los páramos del miedo

Desde el principio habitas
este mundo de hombres
su ambición es la carne
nada importa la tierra
puedes verlos morder en los pezones
sin hambre
                la lujuria
es la sed
tendrás que acostumbrarte a sus colmillos
a no buscar tu sombra
cuando sientas el miedo y mires a la tierra
que te verá pasar
arrastrando tu sexo sin sed y sin serpiente

Woman Crosses the Wastelands of Fear

From the beginning you have inhabited
this world of men
their ambition is flesh
land means nothing to them
you can see them biting into nipples
without hunger
           lechery
is their thirst
you will have to get used to their canines
to not looking for your shadow
whenever you feel afraid and you look at the earth
that will watch you pass by
dragging your sex without thirst and without a serpent

Madre entrega su cuerpo a los mercaderes

Siempre fue diferente entre nosotros,
siempre un latido más,
la última noche hablamos hasta tarde,
fue para mí, no fue para los hombres
que iban a venderte;
aunque no lo supiéramos
aquella noche nuestra
fue la justicia entera derramada en los vasos,
fue la felicidad, y tuvo nuestros nombres.

Otro día llegó distinto a aquel,
tal vez la ausencia leve del corazón sonando
cuando abría la puerta de la calle
me recordara a ti.
Di media vuelta,
derribada en el baño luchando por tu vida,
el universo entero estaba discutiendo tus latidos,
la espuma de tu boca,
tu cuerpo destrozado

…son dos latidos menos…

las manos están frías
sólo puedo gritar
no alcanzo a despertarme de aquel sueño.

Quién pudiera mezclar la vida con los sueños…

Woman Surrenders Her Body to the Money Changers

It was always different between us,
always one heartbeat more,
the last night we stayed up late talking
was for me, wasn't for the men
who were going to sell you;
even though we didn't know it
that night of ours
was justice itself poured into our glasses,
was happiness, and it wore our names.

Another day arrived different from that one,
perhaps the subtle absence of your beating heart
when I opened the door to the street
had made me think of you.
I turned halfway around,
collapsed in the bath, fighting for your life,
the entire universe was quarreling over your heartbeats,
the foam in your mouth,
your body destroyed

... it's two heartbeats less ...

your hands are cold,
I can only cry out,
I can't manage to wake up from that dream.

If only I could bring together life and dreams ...

Aquello era real como el tercer latido,
tu corazón parándose,
la sangre destrozando tus recuerdos
como quien barre el patio de una casa
donde crecen naranjos
que dan frutos amargos
como tu vida entera,
como tu vida rota.

…otro latido más

otro minuto cede…

Allí estuvimos solos
mientras otros dormían
sobre cajas repletas de dinero,
se hacían llamar hijos,
y escrituras antiguas con sus nombres.
…son ya muchos latidos,
no existe corazón que lo resista…

Quién pudiera juzgarlos, descubrirlos
quemando el testamento de un abuelo
o arrasando tu cuerpo
con palabras que son señales de la muerte,
brillantes como espejos enfrentados al sol

…hace ya mucho tiempo
del último latido…

Te dije que iba a estar hasta el final
y en el final me quedo

That was real like the third heartbeat,
your heart stopping,
the blood destroying your memories
like someone who sweeps the patio of a house
where orange trees grow
that bear bitter fruit
like your entire life,
like your broken life.

... another heartbeat,

another minute relents ...

There we were alone
while others were sleeping
on boxes filled with money,
they demanded to be called sons,
and old writings with their names.
... it's a lot of heartbeats,
there is no heart that can resist ...

Who might judge them, expose them
burning the will of a grandfather
or making off with your body
with words that are signs of death,
brilliant like mirrors facing the sun.

... it's been a lot of time
since the last heartbeat ...

I told you that I was going to be there until the end,
and in the end I am left

sollozante
con el dolor rompiendo mis poemas
y un tormento en los dedos que aparece
en los días más fríos.

Allí estuvimos solos.
Te vi morir,
quise cerrar tus ojos melancólicos,
lo intento desde entonces con palabras
que quieren ser poemas
y apenas son latidos,
maldito corazón,
maldita pena,
no hay soledad tan grande…
allí estabas muriendo…
quiero guardar tu cuerpo en el poema
roto
como los versos,
las palabras,
maldito corazón,
huecas están
y no me sirven.

sobbing
with grief crushing my poems
and an intense pain in my fingers that appears
on the coldest of days.

There we were alone.
I saw you die,
I tried to close your careworn eyes,
I have tried since then with words
that strive to be poems
and are scarcely heartbeats,
cursed heart,
cursed sorrow,
there is no greater solitude . . .
there you were dying . . .
I want to preserve your body in my poem
broken
like the lines;
the words,
cursed heart,
are hollow
and are no good to me.

Madre recorre el jardín solariego

Atraviesas la hora de los peces
con Sylvia de la mano
surgen desde la sombra los cuchillos
y los perros que tienen
los dientes infectados de rabia y de culebras
hay un cuervo que cruza en el poema
por el que estás pasando
por el que estáis pasando
las fuentes están secas
no está escrita la sed pero en la boca
resulta insoportable

en el poema habitan dos suicidios

horas negras con lobos
y una araña
en el lago
igual que la muchacha en el cuadro de Waterhouse

la hora de los peces te recibe
las estrellas escalan por el cielo
hacia el cielo más denso
hacia una soledad tan infinita
que sólo con la ausencia es abarcable
lo saben los gusanos
y las pequeñas aves que convergen
en el jardín

el único lugar que conocía
la fecha de tu muerte

Mother Walks Through the Manor Garden

You walk through in the era of fishes
holding Sylvia by the hand
from the shadows burst forth knives
and dogs that have
teeth infected with rage and vipers
there is a crow flying overhead in the poem
through which you are walking
through which both of you are walking
the fountains are dry
thirst isn't in the script but in your mouths
it is unbearable

two suicides dwell in the poem

dark hours with wolves
and a spider
in the lake
just like the girl in the painting by Waterhouse

the era of the fishes receives you
the stars climb up into the sky
toward the densest part of the sky
toward a solitude so infinite
that it can only be embraced through absence
the worms know this
and the little birds that converge
in the garden

the only place that knew
the date of your death

Mujer arrodillada escucha a los profetas

Fueron muchos los hombres,
los ejércitos,
sus manos sosteniendo
las armas más terribles,
hubo muchos profetas declamando
las plegarias sagradas
de los hombres,
tribunales
dictando una sentencia

PALABRA por PALABRA
en una lengua antigua;

la primera mujer con las rodillas
clavadas en la tierra de los hombres
se escribe así la historia:

PALABRA por PALABRA
como clavos entrando en la madera
como escarpias rompiendo
las manos de mi madre
que fueron la caricia y el derrumbe
sobre el mundo sagrado
con sus reglas,
sus hijos,
sus naciones
y un cielo insuficiente para ella.

Woman on Her Knees Listens to the Prophets

The men were many,
the armies,
their hands wielding
the deadliest of weapons;
there were many prophets declaiming
the sacred prayers
of the men,
courts
pronouncing a sentence

WORD for WORD
in an ancient language;

the first woman with her knees
driven into the land of the men,
the story is written like this:

WORD for WORD
like nails entering into the wood,
like hooks tearing
my mother's hands
that were caresses and the downfall
of the holy world
with its rules,
its sons,
its nations,
and a heaven insufficient for her.

Madre escribe en mis labios un poema

Si te presto la boca
me rozan las palabras
me acarician
no han perdido la fe
vuelven a convertirse en el poema
que una vez escribí
desde la boca
como se prueba el pan
como se canta el mundo
sin el mundo.

Mother Writes a Poem on My Lips

If I offer you my mouth,
words brush up against me,
they caress me,
they haven't lost faith,
they become the poem again
that I wrote once
from my mouth
like you sample fresh bread,
like you sing of the world
without the world.

Mujer sangra una herencia

Quiero olvidar tu muerte,
quiero olvidarte,
amanecer un día sin este miedo antiguo
parecido a una herencia
tantas veces cargada y recibida
en la desgracia,
tantas veces cruzando
una noche tras otra
para llenar de angustia
la vida
de una mujer o un pájaro.

Quiero olvidar tu muerte,
salir a caminar sin encontrarte
por las calles más grises
a las que debería
no regresar
para olvidarte
para cerrar el curso
de la sangre que fluye
buscando una abertura:
otra oportunidad para la vida,
otra oportunidad para la muerte.

Woman Bleeds an Inheritance

I want to forget your death,
I want to forget you,
to wake up one day without this age-old fear
not unlike an inheritance
so many times overwhelming and received
in misfortune,
so many times passing through
one night after another
to fill with anguish
the life
of a woman or a bird.

I want to forget your death,
to go out walking without finding you
in the most dismal of streets
that I should
not return to
in order to forget you,
in order to stop the course
of the blood that flows
seeking out an opening:
another opportunity for life,
another opportunity for death.

II

Y la niebla besaba largamente
Aquel rincón del mundo en que te hallabas.

And the fog kissed passionately
that corner of the world where you were.

—FRANCISCA AGUIRRE

Madre entra en el mar como en la muerte

Es la fosa del mar,
la tiniebla que habitas:
la noche que revela
el último misterio.

Nada persigo,
nada quiero saber
porque todo es dolor.

Sólo el olvido busco.

Sólo quiero olvidar
frente a la pobre tumba de mi madre,

el mar que fue la dicha deshaciéndose,

las olas una a una arrepentidas
de su propia mecánica
regresan al abismo,
vuelven a ti,
se inclinan vagabundas
como lo hace la pena.

Mother Enters Into the Sea as Into Death

It's the grave in the sea,
the darkness that you inhabit:
the night that reveals
the final mystery.

I pursue nothing,
I don't want to know anything
because everything is pain.

I only search to forget.

I only want to forget
facing my mother's humble tomb,

the sea that was her happiness falling apart,

the waves return one by one
saddened by their own motion
to the abyss,
go back to you,
lean forward, drifters,
as sorrow does.

Mujer sobrevive a un naufragio

En medio del terror
la tempestad
en la noche del trueno
ella mira sus ojos
hay un niño en sus brazos
tiene hambre
en sus brazos el llanto es una tumba
el mar es una tumba
los marineros cantan
borrachos e inconscientes
todos los marineros están muertos
una madre sostiene
el llanto de su hijo
que trepa sobre el mar
duérmete ahora
escucha cómo cantan los ahogados
bebe la última gota
de leche
el agua está salada
pero ella es tan hermosa
que la noche del trueno
es música
y es viento
con sus notas celestes
abriendo la mañana
tan lejos de la tierra
que no hay bestia capaz de hacerle daño

Mother Survives a Shipwreck

In the midst of terror
the tempest
in the night filled with thunder
she looks into his eyes
there is a child in her arms
he is hungry
in her arms the wailing is a tomb
the sea is a tomb
the sailors are singing
drunk and oblivious
all the sailors are dead
a mother cradles
the wailing of her son
who clambers upon the sea
go to sleep now
listen to how the drowned men are singing
drink the last drop
of milk
the water is salty
but she is so beautiful
that the night with its thunder
is music
and is wind
with its heavenly notes
awakening the morning
so far from land
that there are no beasts capable of harming her

Madre deshace su última maleta

Un vestido, un reloj, unos tacones,
un puñado de nieve en los bolsillos
de un pantalón,
un par de calcetines
(dentro crece la hierba,
crece el viento
que silba,
que perdona…
cuando no queda nada)
un libro sin respuestas,
todavía el olor de la derrota,
el triste y suave olor de la melancolía
sale de la maleta,
riega tu soledad para que crezca,
habla sin que preguntes,
siempre repite un nombre,
nuestro nombre bañado de desgracia,
nuestro nombre en los labios
de una mujer que sabe que está muerta.

Mother Unpacks Her Last Suitcase

A dress, a watch, heels,
a fistful of snow in the pockets
of a pair of slacks,
a pair of socks
(inside the grass grows,
the wind grows
that whistles,
that forgives ...
when there is nothing left),
a book without answers,
and still the smell of defeat,
the sad and gentle smell of melancholy
emerges from the suitcase,
rains upon your solitude so that it will grow,
speaks without your asking,
it always repeats a name,
our name bathed in misfortune,
our name on the lips
of a woman who knows that she is dead.

Mujer devorada por perros

He visto la manera en que los perros
devoran tus anillos
abren tu carne y prueban tus entrañas.

No llegan del abismo,
un hijo puede ser un perro,
un hijo tiene dientes incisivos,
caninos…
Los he visto morderte sobre un charco,
también en la cocina.

Hoy sé lo que es el odio:
es esa boca abierta
con sus dientes
adentro de tu carne
y he querido un puñal
para beber su angustia
y he querido una bala
que acabara con todo
pero he sentido miedo

Soy un cobarde.

No me arrojé a sus bocas,
no corté sus arterias,

mientras perros salvajes
comían tus despojos,

Woman Devoured by Dogs

I have seen how dogs
devour your rings,
tear open your flesh, and taste your entrails.

They don't come from the abyss,
a son can be a dog,
a son has incisors,
canine teeth . . .
I have seen them bite you in stagnant water
and in the kitchen too.

Today I know what hatred is:
It's that open mouth
with its teeth
sunk into your flesh,
and I have wished for a knife
to drink in its anguish,
and I have wished for a bullet
to put an end to it all,
but I have felt afraid,

I'm a coward,

I didn't throw myself at their teeth,
I didn't slash their veins,

meanwhile, savage dogs
were eating your remains,

abrían tus armarios,
vendían tu miseria
a cambio de una casa
o de un espejo,
dientes que arrancan sueños como vísceras,
son mis hermanos
mordiendo en tu memoria,
dejándola sin nada,
despreciando los sueños como escombros,
como los perros dejan
aquello incomestible,
con esa indiferencia,
podrían ser tus hijos,

son tus hijos,

tienen las manos llenas de tu sangre,
saben decir tu nombre
pero ignoran quién eres
porque tragan los sueños,
los devoran,
como carne en abismos luminosos,
como avaros que buscan la riqueza,
tu vientre es una fiesta entre los perros
nacidos de tu vientre,
ignorantes del fondo de las aguas,
pueden ser mis hermanos,
pueden llamarse hermanos como lobos,
o perros, o serpientes,
que beben tu desdicha,
que sonríen detrás de tu miseria.

were opening up your closets,
were selling your poverty
in exchange for a house
or for a mirror,
teeth that tear at dreams like viscera,
they are my brothers
chewing on your memory,
leaving it with nothing,
holding dreams in contempt like rubble,
the way dogs leave behind
the inedible part,
with that indifference
they could be your sons,

they are your sons,

their hands are covered in blood,
they know how to say your name,
but they don't know who you are
because they swallow dreams,
they devour them
like flesh in luminous chasms,
like the greedy who search for wealth,
your womb is a feast among dogs
born of your womb,
ignorant of the depth of the waters,
they can be my brothers,
they can call themselves brothers like wolves
or dogs or serpents
that drink from your disgrace,
that smile from behind your misery.

Madre esconde el dolor

El dolor ya no cabe,
la tristeza no alcanza.

—IDEA VILARIÑO

Han pasado los años,
cruzas por esta calle en otro tiempo,
puedo verte llorar,
puedo saber que duele,
cuánto duele,
todo lo arrebatado

respirando penuria
día

       tras

día
puedo verte llorar,
esta ceguera blanca
es un traje de novia,
es la amargura,
no te pongas de pie,
han pasado los años
y empiezo a recordar
sus nombres,
sus costumbres,
y el modo en que robaron tu existencia.

Mother Hides Her Pain

There is no longer room for the pain,
sadness is not enough.

—IDEA VILARIÑO

The years have passed by,
you are walking along this street in another time,
I can see you crying,
I can understand that it hurts,
how much it hurts,
all that was taken away from you,

breathing in your penury
day
        after
day,
I can see you crying,
this white blindness
is a wedding dress,
is bitterness,
don't get up on your feet,
the years have passed by,
and I'm beginning to remember
their names,
their old habits,
and the way in which they robbed you of your existence.

Mujer llena de escombros

Van a violar tu boca.

Ahora tienes que abrirla
como se abren las piernas,
como se abren las puertas de la noche,
fantasmas cuyo cuerpo fue la sangre
cayendo desde el vientre.

Quien te ha visto llorar
es dueño de la sombra.

Cuando abracé tu llanto
supe que el sufrimiento es el amor,
desesperado amor
del que presiente
el final
de la dicha.

Abre la boca,
hay suficiente sangre para todos,
el latido la empuja hasta los últimos
rincones de la carne,
desciende por las piernas,
los labios están fríos,
azules son el miedo y el fracaso,
una calle imposible
que conduce al recuerdo.

Woman Full of Debris

They are going to rape your mouth.

Now you have to open it
like legs are opened,
like the doors of the night are opened,
demons whose bodies were the blood
flowing from out of your womb.

Anyone who has seen your tears
owns the darkness.

When I embraced your tears
I learned that suffering is love,
the desperate love
of someone who intuits
the end
of joy.

Open your mouth,
there is enough blood for everyone,
your heartbeat moves it to the farthest
corners of the flesh,
it descends through your legs,
your lips are cold,
fear and failure are blue,
an impossible street
that leads to memory.

Van a llenar tu boca de palabras,
de carne,
de mentiras,
de blasfemias,
de dioses,
de escombros miserables,

llenan tu boca
y colman tu cansancio,

los dueños de tu cuerpo,
salvadores,
tinieblas
con sus sombras,
serpientes en el nido de los pájaros,
caínes que sujetan una piedra
para romper la boca
con palabras que escupen la desgracia.

They are going to fill your mouth with words,
with flesh,
with lies,
with blasphemy,
with gods,
with wretched debris,

they fill your mouth
and overwhelm your weariness,

the owners of your body,
saviors,
darkness
with its shadows,
serpents in bird nests,
Cains who pick up a stone
to smash your mouth
with words that spew out disgrace.

Madre pierde su anillo de la suerte

Buscas entre la leche
dentro de una botella
debajo del sofá
pero allí sólo encuentras el recuerdo
del amor

perdóname

busca dentro de mí
podría haber tragado
la suerte sin saberlo
bebiéndome la leche
podría haber pisado los cristales
o volcado la sal
sin darme cuenta
sin saber tu secreto
tu secreta esperanza

Mother Loses Her Good Luck Ring

You search in the milk
inside of a bottle
under the sofa
but there you only find memories
of love

forgive me

look inside of me
I might have swallowed
your luck without knowing it
drinking the milk
I might have stepped on the glass
or spilled the salt
without realizing it
without knowing your secret
your secret hope

Madre escribe una carta de amor

Puede ser que esté viva
pero entonces
un día estuve muerta
pues este corazón
confunde   sus   latidos

con el hábito,

con   un   grifo   entreabierto,
como   un   reloj,
como si fuera piedra
que se lanza hacia el cielo
y no le es permitido
fundirse con la lluvia.

Pudiera ser también que las palabras

ardan

        ahora escribo
        "fuego"

o tal vez sientan frío entre la
        "nieve"

nunca dejé de estar acostumbrada
a perder
siguió siendo mi hábito la pena
y la palabra   "pena"

Mother Writes a Love Letter

It might be that I'm alive
but then
one day I was dead
since this heart
confuses   its   heartbeats

with habit,

with   a   leaky   faucet,
like   a   clock,
as if it were a stone
that is thrown into the sky
and isn't allowed
to bond with the rain.

It might be also that the words

burn

                    now I'm writing
                    "fire"

or maybe they will feel cold in the
                    "snow"

I never stopped being accustomed
to losing,
sorrow kept on being my routine,
and the word   "sorrow"

                                con toda su mejilla
                                rota

rajada
        por las lágrimas
                        que se viron hielo,

afiladas palabras
en manos de los ángeles,
un camino celeste
que escala una mujer,

igual que un árbol sube
al cielo tras la lluvia
y la encuentra
                        en la tierra.

                              with all its bruised
                              cheeks

slashed
          by tears
                    that turned to ice,

sharp-edged words
in hands of the angels,
a heavenly path
that a woman ascends,

the same way that a tree rises up
into the sky in search of the rain
and finds it
                              in the earth.

Mujer mira al futuro

Voy a morir de pena.
Voy a morir de pena tras de ti.

Woman Looks Into the Future

I am going to die of sorrow.
I am going to die of sorrow after you.

Madre recibe un beso

Moriste antes de que me diera tiempo
de maldecir sus nombres
de escupir en sus ojos
de escribir un poema para ponerme a salvo

moriste

o te llevaron

más allá de los días

de la nieve celeste

riela el mar

pero antes

te robaron

un nieto

una mañana breve en la que el tiempo
pudiera haber quedado detenido
justo un momento antes
de la muerte
de todos

Mother Receives a Kiss

You died before I gave myself time
to curse their names
to spit in their eyes
to write a poem to save myself

you died

or they carried you off

beyond the days

of heavenly snow

the sea sparkles

but before

they robbed you

of a grandson

one brief morning in which time
could have stood still
just a moment before
the death
of everyone

Madre habita un país lleno de sombras

Hablabas desde el centro de la culpa
con la voz arrugada,
con la cara en las manos derramándose
como un vientre de estirpe
yerma
por toda la miseria de los hombres.

Hablabas desde el centro de la pena
como lo hacen los peces
cuando la oscuridad es tan profunda
que nadie puede oírlos.

Será de noche, madre,
será una noche larga,
una caída.

Hablabas desde el centro del engaño,
repitiendo la infamia de un marido,
de un hijo, de una madre,
han venido a decirte
aquello que es correcto,
lo que debiera ser,
lo que destroza
la luz que un día estuvo
y ahora purgas
lavándote los pies,
perdonada
y absuelta.

Mother Inhabits a Country Full of Shadows

You were speaking from the core of your guilt
with your wrinkled voice,
with your face in your hands spreading about
like a womb with a barren
bloodline
because of all the wretchedness of men.

You were speaking from the core of your sorrow
like fish do
when the darkness is so deep
that nobody can hear them.

Soon it will be night, Mother,
it will be a long night,
a fall.

You were speaking from the core of deceit,
repeating the slander of a husband,
of a son, of a mother,
they have come to tell you
that which is correct,
what ought to be,
what destroys
the light that one day was here,
and now you purge yourself,
washing your feet,
forgiven
and absolved.

Será de noche, madre,
será una noche larga,
un accidente.

Hablabas desde el centro de la tierra
golpeando una estaca,
un tropiezo tras otro
clavando la madera
donde nace la dicha,

cosecha de los hombres,

van a traer tu cuerpo
para lanzar las piedras arrugadas
que son sus corazones.

Confunden el amor con otras rocas,
en ellas silba el viento
y las golpea el mar
y son un precipicio
que te ha visto caer
huyendo de las leyes de los hombres,
la peor burguesía de un país
acostumbrado al centro de la culpa,
ausencia de verdad,
hijos de la mentira
que atraviesan los campos
buscando su cosecha.

Será de noche, madre,
será una noche larga
con sus sombras.

Soon it will be night, Mother,
it will be a long night,
an accident.

You were speaking from the core of the earth,
pounding on a stake,
one blow after another,
beating on the wood
where joy is born,

harvest of men,

they are going to bring your body
to cast out the wrinkled stones
that are their hearts.

They confuse love with other rocks,
in them the wind whistles
and the sea pounds on them,
and they are a precipice
that has seen you fall,
fleeing from the laws of men,
the worst bourgeoisie of a country
accustomed to being sinful to the core,
the absence of truth,
sons of lies
that travel about the countryside
looking for abundance.

Soon it will be night, Mother,
it will be a long night
with its shadows.

Mujer muestra sus pechos cortados sobre una bandeja

El universo ruge como un monstruo
no puedo sentir miedo
es tan grande el dolor
que no deja lugar
a lo insignificante

ahora que está muerta
sólo quiero
olvidar
no sé qué cosa
olvidar quién soy yo
olvidar quiénes son sus asesinos
sus hijos y su madre
olvidar la bandeja con sus pechos
una radiografía de su angustia
un espejo robado
el olor a barniz en el salón
esta inmortalidad
cuando sé que está muerta

Woman Displays Her Slashed Breasts on a Silver Platter

The universe roars like a beast
I can't feel afraid
the pain is so great
that it doesn't leave room
for the insignificant

now that she is dead
I only want
to forget
I don't know what
to forget who I am
to forget who her assassins are
her sons and her mother
to forget the tray with her breasts
an X-ray of her anguish
a stolen mirror
the smell of varnish in the room
this immortality
when I know that she is dead

Madre aparta el veneno de mi boca

Y me cayó en la boca… más veneno:
yo no he bebido nunca en otro vaso.
— ALFONSINA STORNI

Lo que hicieron tus manos fue salvarme
de la furia del mar.

Lo que hicieron tus manos fue romperse,
diluirse en el ácido.

Hubo sangre en las uñas,
hubo también tinieblas como espinas
clavadas en los dedos
por salvarme del mar y de los hombres.

Maldita sea la tierra
con su lengua rabiosa.

Maldita sea la estirpe miserable
de las buenas costumbres

la familia

disuelta en el veneno
que limpiaban tus manos de mis labios
deshaciéndose allí como una sombra.

Mother Takes the Venom Away from My Mouth

> And in my mouth fell . . . more venom:
> I have never drunk from any other glass.
> —ALFONSINA STORNI

What your hands did was save me
from the fury of the sea.

What your hands did was break apart,
to be dissolved in acid.

There was blood on your fingernails,
there was also darkness like thorns
stuck in your fingers
for saving me from the sea and from the men.

Cursed be the earth
with its rabid tongue.

Cursed be the wretched bloodline
with its proper customs,

the family,

dissolved in the venom
that your hands wiped from my lips,
fading away there like a shadow.

Mujer entra en el templo

Es domingo.

En el templo los lobos
redimen sus pecados,

en sus bocas el cuerpo
quita el sabor a sangre,

suave es la gloria,
más suave es el perdón,
alcemos las plegarias,
pidamos al Señor por el eterno
descanso, pidamos por la luz
convertidos los siglos en ceniza
probaremos la muerte,

es esa misma muerte:

se deshace en la boca

y guarda una palabra,
un juicio de tiniebla,
porque el pecado es siempre una mujer.

Los lobos están listos,
ya sujetan las piedras,
—sobre esta piedra, Pedro—
puedes fundar   la ira.

Woman Enters the Temple

It is Sunday.

In the temple the wolves
redeem their sins,

in their mouths the Host
removes the taste of blood,

glory is gentle,
pardon is gentler still,
let us raise up in prayer,
let us ask the Lord for eternal
rest, let us ask for light
the centuries turned to ashes,
we will taste death,

it is that very same death:

It melts in the mouth,

and it conserves one word,
a trial by darkness,
because sin is always a woman.

The wolves are ready,
they have picked up the stones,
—on this rock, Peter—
you will found   wrath.

Madre no deja de mirar al suelo

Mataron la inocencia que había en su mirada,
mataron su ternura,
mataron los veranos sollozantes
en los que repetía historias tristes.

Es toda la verdad;
lo muerto, quedó muerto,
llenas fueron sus manos de sortijas.

Mother Keeps Looking at the Ground

They killed the innocence that was in her eyes,
they killed her tenderness,
they killed the summers filled with tears
in which she repeated sad stories.

It's entirely true;
what was dead remained dead,
their hands were covered with rings.

Mujer sale del bosque sin conocer la lluvia

Es el sudor, es el sudor más frío,

ella parece ungida por la lluvia
mientras sale del bosque
para entrar al desierto.

Es un juego de espejos el paisaje,
es un viejo animal
conocido por todas
que se encuentra en el vientre y se alimenta
de una tibia esperanza.

Es el sudor,
cada vez más escaso...
Es el modo en que viste
el paso de los años con los ojos
clavados en el suelo
recorriendo un camino,
un rastro hacia otra parte,
persiguiendo la gracia de la lluvia
que convierte semillas en sus frutos.

Pasan las estaciones,
se arruga la esperanza,
levantas la cabeza
cuando del horizonte
solamente se intuye un equilibrio

Woman Leaves the Forest Without Knowing the Rain

It is sweat, it is the coldest sweat,

she seems anointed by the rain
while she is leaving the forest
in order to enter the desert.

The landscape is a game of mirrors,
it is an old animal
known by all
that is found in the womb and feeds
off of a warm hope.

It is sweat,
scarcer by the minute . . .
It's the way in which you saw
the passing of the years with your eyes
riveted to the ground
going down a road,
a trail toward somewhere else,
pursuing the grace of the rain
that turns seeds into their fruit.

The seasons pass by,
hope shrivels up,
you raise your head
when with the horizon
you can only intuit an equilibrium

ya imposible en el cuerpo,
un cuerpo inútil,
el bosque ya detrás...

Ahora que la lluvia es un recuerdo,
ahora queda la sed,
queda el pasado
Mirando en las esquinas
como gente sin suerte que saluda
sin que sepas sus nombres.

Nadie nos dijo a tiempo que la dicha
iba a quedarse atrás,
secándose en los páramos del cuerpo
sin conocer la lluvia.

now impossible in your body,
a useless body,
the forest already left behind . . .

Now that the rain is a memory,
now thirst remains,
the past remains
looking in the corners
like the unfortunate people who greet you
without your knowing their names.

Nobody told us in time that joy
was going to be left behind,
drying out in the wastelands of our bodies
without knowing the rain.

Ahora que estás muerta

Estoy al otro lado.

Nadie dice mi nombre
porque mi nombre sabe quiénes somos.

Vas a reconocerme
igual que aquella vez junto a la orilla.

Me salvaste del fondo,
cerraste los abismos transparentes
para extender   el tiempo.

Estoy al otro lado,
no dejan de sonar:
la agonía y el viento
detrás de las persianas.

Han cerrado la puerta,
han cerrado la lluvia y los cristales,
un plato de comida,
es todo cuanto tienes
mientras suena el teléfono
conmigo al otro lado,
las torres delicadas
escuchan tu desidia:
quieres venir conmigo,
quieres abrir las puertas,
las ventanas,
para que pase el viento

Now That You Are Dead

I'm on the other side.

No one says my name
because my name knows who we are.

You are going to recognize me
the same as that time beside the shore.

You saved me from the depths,
you sealed off the transparent abyss
to extend   time.

I'm on the other side,
they keep on resonating:
the death throes and the wind
behind the blinds.

They have shut the door,
they have shut out the rain and closed the windows,
a plate of food
is all that you have
while the phone rings
with me on the other side,
the fragile church spires
hear your apathy:
You want to come with me,
you want to open the doors,
the windows,
so that the wind can come in

y traiga los poemas
que no puedo llevarte;
y toque con su mano
de seda a los bandidos
que administran tu vida.

Ahora que estás muerta
sabemos que el viaje no lleva hacia otro lado.

No voy a tener miedo.
Quiero morir contigo.
Quiero matarme.

El último viaje es una balsa,
un mar al fin abierto,
puedo verte en el fondo,

no vayas a salvarme,
deja que pase el viento,
que arrastre la desdicha,
que se lleve la ropa de las cuerdas.

No vayas a arrastrarme a nuestra casa
poblada de silencio y de culebras.

Han logrado matarte muchas veces.

Te cubría una manta
que te compré en Escocia,
ya muerta por el cielo,
ya muerta en la cocina,
te cubría mi cuerpo derritiéndose.

and bring the poems
that I can't take to you
and touch with its silken
hands the bandits
that tend to your life.

Now that you are dead
we know that the journey doesn't lead to the other side.

I'm not going to be afraid.
I want to die with you.
I want to take my life.

The final journey is a raft,
an open sea at last,
I can see you in the depths,

I don't want you to save me,
let the wind pass by,
let it sweep away misfortune,
let it carry off the clothes from the line.

You're not going to drag me to our house
populated with silence and snakes.

They have succeeded in killing you many times.

You were covered by a blanket
that I bought for you in Scotland,
already killed by heaven,
already dead in the kitchen,
my body covered you melting away.

No vayas a salvarme.
Quiero morir contigo
ahora que estás muerta.

I don't want you to save me.
I want to die with you
now that you are dead.

Fernando Valverde (Granada, 1980) is an award-winning poet, journalist, critic, and associate professor of Romanticism and poetry at the University of Virginia. He is the author of several poetry collections, and his works have been translated into several languages, including his most recent book, *America*, and now this edition of *The Men Who Killed My Mother*. He has received some of the most significant awards for poetry in Spanish, among them the Federico García Lorca Poetry Prize, the Emilio Alarcos Poetry Prize from the Principado de Asturias, and the Antonio Machado International Literature Prize. For his collaboration on a work of fusion between poetry and flamenco, he was nominated for a Latin Grammy in 2014. He is a member of the Academia Norteamericana de la Lengua Española and has also worked as a journalist for the Spanish newspaper *El País*.

~

Gordon E. McNeer is a distinguished poet and translator of poetry and professor of Spanish at the University of North Georgia. He earned his BA and MA in Spanish and PhD in Romance Languages from Princeton University. He has translated the work of Cervantes Prize–winning poet José Hierro and edited *Shelter from the Storm* by Benjamín Prado. His books of poetry, *Mira lo que has hecho* and *Poemas mexicanos*, have been widely praised.

S W A N
I S L E
P R E S S

Swan Isle Press is a not-for-profit publisher of literature
in translation including fiction, nonfiction, and poetry.

For information on books of related interest
or for a catalog of Swan Isle Press titles:
www.swanislepress.com

The Men Who Killed My Mother
Book and cover design by Marianne Jankowski
Typeset in Adobe Jensen Pro